BEI GRIN MACHT SICH IHR WISSEN BEZAHLT

- Wir veröffentlichen Ihre Hausarbeit, Bachelor- und Masterarbeit

- Ihr eigenes eBook und Buch - weltweit in allen wichtigen Shops

- Verdienen Sie an jedem Verkauf

Jetzt bei www.GRIN.com hochladen und kostenlos publizieren

Bibliografische Information der Deutschen Nationalbibliothek:

Die Deutsche Bibliothek verzeichnet diese Publikation in der Deutschen National-
bibliografie; detaillierte bibliografische Daten sind im Internet über http://dnb.d-
nb.de/ abrufbar.

Dieses Werk sowie alle darin enthaltenen einzelnen Beiträge und Abbildungen
sind urheberrechtlich geschützt. Jede Verwertung, die nicht ausdrücklich vom
Urheberrechtsschutz zugelassen ist, bedarf der vorherigen Zustimmung des Verla-
ges. Das gilt insbesondere für Vervielfältigungen, Bearbeitungen, Übersetzungen,
Mikroverfilmungen, Auswertungen durch Datenbanken und für die Einspeicherung
und Verarbeitung in elektronische Systeme. Alle Rechte, auch die des auszugsweisen
Nachdrucks, der fotomechanischen Wiedergabe (einschließlich Mikrokopie) sowie
der Auswertung durch Datenbanken oder ähnliche Einrichtungen, vorbehalten.

Impressum:

Copyright © 2004 GRIN Verlag
Druck und Bindung: Books on Demand GmbH, Norderstedt Germany
ISBN: 9783668645264

Dieses Buch bei GRIN:

https://www.grin.com/document/413381

Matthias Benner

Die Entwicklung der drahtlosen Telegrafie. Vorläufer der modernen Rundfunktechnik

GRIN Verlag

GRIN - Your knowledge has value

Der GRIN Verlag publiziert seit 1998 wissenschaftliche Arbeiten von Studenten, Hochschullehrern und anderen Akademikern als eBook und gedrucktes Buch. Die Verlagswebsite www.grin.com ist die ideale Plattform zur Veröffentlichung von Hausarbeiten, Abschlussarbeiten, wissenschaftlichen Aufsätzen, Dissertationen und Fachbüchern.

Besuchen Sie uns im Internet:

http://www.grin.com/

http://www.facebook.com/grincom

http://www.twitter.com/grin_com

Fakultät für Staats- und Sozialwissenschaften

ETA-Seminar:
Entwicklung der Informations-
und Kommunikationstechnologie

Die Entwicklung der drahtlosen Telegrafie

Matthias Benner

Abgabedatum: 13. 12. 2004

Inhaltsverzeichnis

1. Einführung

Die moderne Welt, wie sie sich heute darstellt, ist ohne die Hochfrequenztechnik nicht mehr denkbar. Fernsehen, Radio, Mikrowelle und Handy, um nur einige Beispiele zu nennen, sind Gegenstände des Alltags geworden, die, hätte Heinrich Hertz die elektromagnetischen Wellen 1888 nicht entdeckt, heute nicht vorhanden wären. Diese kleine Auswahl an Geräten macht deutlich, wie wichtig die Erfindungen der letzten hundert Jahre in diesem Bereich sind.

Die vorliegende Seminararbeit will einen Einblick über die Entwicklung der drahtlosen Telegrafie geben, die als Vorläufer der modernen Rundfunktechnik zu betrachten ist.

Dazu wird zunächst eine kurze Einführung in die Theorie der Radiowellen gegeben, um grundlegend zu klären, welche Eigenschaften sie haben.

Im Anschluss daran werden die Entwicklungen im Vorfeld der drahtlosen Telegrafie beschrieben. Hierbei soll vor allem deutlich werden, dass mit den Entdeckungen von Hertz, Branly, Lodge, Tesla und Popow grundsätzlich schon alle Bestandteile der drahtlosen Telegrafie vorhanden waren.

Darauf folgend wird im Hauptteil der Arbeit die Entwicklung der drahtlosen Telegrafie vom ersten funktionstüchtigen Sender bis hin zu den leistungsfähigen Maschinensendern gezeigt. Dazu wird beginnend mit dem Erfinder der drahtlosen Telegrafie, Guglielmo Marconi, die Entwicklung anhand der wichtigsten Erfindungen und Entdeckungen von Professor Adolf Slaby, Professor Ferdinand Braun, Adolf Koepsel, Max Wien und Valdemar Poulsen dargestellt. Schließlich endet dieser Teil mit der Erläuterung der leistungsfähigen Hochfrequenzsender und der damit verbundenen Amplitudenmodulation.

In einem anschließenden Ausblick soll auf die Fortentwicklung der drahtlosen Telegrafie hin zum modernen Rundfunk eingegangen werden. Dieser beschränkt sich jedoch auf die Entwicklung beziehungsweise Erfindung der Elektronenröhre, der Frequenzmodulation und des Transistors.

Schließen wird die Arbeit mit einem Fazit, welches die Bedeutung der Rundfunktechnologie für die Zukunft anreißen wird.

2. Was sind elektromagnetische Wellen?

Im Gegensatz zu Schallwellen oder Wasserwellen ist der Mensch nicht in der Lage Radiowellen durch Sinnesorgane zu empfinden.

In manchen Lehrbüchern werden elektromagnetische Wellen mit der Ausbreitung von Wellen im Wasser verglichen und bis in die 20iger Jahre des 20. Jahrhunderts glaubte man, dass es einen Weltäther[1] gäbe, einen unsichtbaren, nicht nachweisbaren Stoff, in dem sich die Radiowellen zwischen beliebigen Punkten auf der Erde ausbreiten würden. Heute jedoch weiß man, dass sie sich, als Charakteristikum dieser wellenartigen Erscheinung, auch im Vakuum, also in einem absolut mediumslosen Raum, ausbreiten[2].

Die Theorie, dass Licht- und Radiowellen eng miteinander verwandt sind, stellte James Clark Maxwell bereits 1864 auf[3]. Beide breiten sich mit derselben Geschwindigkeit aus, nämlich der Lichtgeschwindigkeit.

Der Nachweis, dass sich elektromagnetische Wellen wirklich wellenförmig ausbreiten, ist durch moderne Geräte möglich. Dazu wird die elektrische Feldstärke gemessen, welche die Fähigkeit der Welle darstellt, auf ein „elektrisch geladenes Teilchen eine Kraft auszuüben"[4].

Die Messvorrichtung zeigt neben der Richtung der Feldstärke an, ob sie positiv oder negativ geladen ist. Die sich ausbreitende Welle bewirkt, dass die Feldstärke bis zu einem positiven Maximum anschwillt, dann schwächer wird, bis ihre Stärke gleich Null ist. Danach steigt sie bis zu einem negativen Maximum an, um anschließend wiederum schwächer zu werden. Da sich dieser Vorgang in einem bestimmten Zeitfenster wiederholt, spricht man hier von der Schwingungsdauer. Den Wellenberg, also der Abstand zwischen einer Feldstärke von Null und dem Maximum, bezeichnet man als Amplitude (Abbildung 1). Der Kehrwert der Schwingungsdauer, die Frequenz, wird in Hertz gemessen. Die Wellenlänge ergibt sich aus

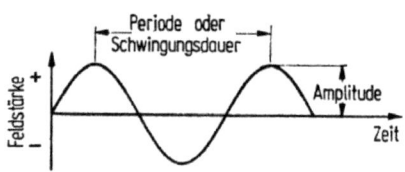

Abbildung 1: Amplitude und Schwingungsdauer[5]

Der Schwingungsdauer multipliziert mit der Lichtgeschwindigkeit. Sie gibt also die Strecke an, die ein Schwingungsvorgang benötigt[6].

---

[1] Vgl. Fürst, Artur: Im Bannkreis von Nauen – Die Eroberung der Erde durch die drahtlose Telegraphie. Deutsche Verlags-Anstalt, Stuttgart und Berlin 1922, S. 10-15
[2] Vgl. Zierl, Richard: Neue Radiotechnik – Von den Grundlagen bis zu Verkehrsfunk und Einseitenbandtechnik. Telekosmos-Verlag, Stuttgart 1976, S. 9
[3] Vgl. Polleit Reinhard: Die Geschichte der drahtlosen Telegrafie. Im Selbstverlag, Neustadt a. Rbge. 1979, S. 7
[4] Zierl, Richard (1976), S. 11
[5] Übernommen aus Zierl, Richard (1976), S. 12
[6] Vgl. Ebd., S. 12-13

Bei größerer Entfernung wird die nachweisbare Welle immer schwächer. Dies resultiert daraus, dass sich Radiowellen kugelförmig ausbreiten und daher die eingenommene Oberfläche mit zunehmender Entfernung größer wird. Somit kommt weniger Energie auf eine Flächeneinheit. Neben der elektrischen Feldstärke ist auch die magnetische Feldstärke der Welle durch entsprechende Messanordnungen nachweisbar.

Die magnetische Feldstärke ist entsprechend der elektrischen Feldstärke die Fähigkeit der Welle, auf ein Teilchen mit magnetischem Feld zu wirken. Mit der Messanordnung ist feststellbar, dass die elektromagnetische Welle entsprechend ihrem Namen neben der elektrischen auch eine magnetische Komponente hat. Wie Lichtwellen durch einen Spiegel, sind auch Radiowellen spiegelbar. Anders als beim Licht, dient hier aber die Erde als Reflektor und die elektromagnetischen Wellen werden bei der Reflexion gestreut[7].

---

[7] Vgl. Zierl, Richard (1976), S. 14-18

3. Entdeckungen im Vorfeld der drahtlosen Telegrafie

3.1 Die Entdeckung der elektromagnetischen Wellen

1864 folgerte James Clark Maxwell aus seiner Feldtheorie die Existenz elektromagnetischer Wellen[8]. Ein Beweis dieser Theorie gelang ihm jedoch nicht.

Erst 1888 gelang es Heinrich Hertz diese Theorie experimentell nachzuweisen. Dazu setzte er eine Funkenstrecke und einen ringförmig gebogenen Draht mit Kugeln an dessen Enden ein[9].

Die Funkenstrecke war ein dicker, gerader Draht mit jeweils einer Kugel an dessen Ende und einer Unterbrechung, einem Luftspalt in dessen Mitte, wo bei Anlegung einer Stromquelle Funken übersprangen[10]. Dass diese Funkenstrecke tatsächlich elektromagnetische Wellen aussendete, konnte Hertz dadurch nachweisen, indem er, bei angeschlossener Stromquelle an der Funkenstrecke, in einiger Entfernung kleine Fünkchen zwischen den Kugeln des Drahtrings, genannt Resonator, überspringen sah[11]. Da keine Energiequelle an den Resonator angeschlossen war, konnten diese Funkenübergänge nur aus den ausgesendeten Wellen resultieren.

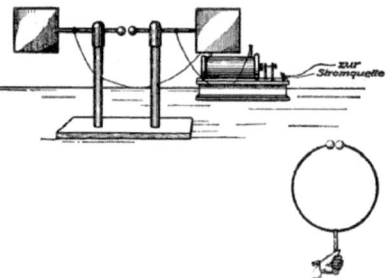

Die Funkenstrecke diente also als Sender der elektromagnetischen Wellen und der Resonator als Empfänger (Abbildung 2), bei dem bei auftreffenden Wellen Funken übersprangen. Hertz dehnte zwar die

Abbildung 2: Hertzsender und -empfänger[12]

Entfernung zwischen Funkenstrecke und Resonator bis auf fünfzehn Meter aus, ein Interesse an der Anwendung seiner Entdeckung zeigte er aber nicht[13].

---

[8] Vgl. Klawitter, Gerd (Hrsg.): 100 Jahre Funktechnik in Deutschland – Funksendestellen rund um Berlin. Wissenschaft und Technik Verlag, Berlin 1998, S. 16
[9] Vgl. Fürst, Artur (1922), S. 36
[10] Vgl.Gööck, Roland: Die großen Erfindungen – Radio, Fernsehen, Computer. Sigloch Edition, Künzelsau 1989, S. 23
[11] Vgl. Fürst, Artur (1922), S. 36-37
[12] Übernommen aus Fürst, Artur (1922), S. 37
[13] Vgl. Gööck, Roland (1989), S. 24

3.2 Der Branly-Kohärer

Hertz' Resonator war zwar ein erster Anzeiger der elektromagnetischen Wellen, doch man brauchte ein empfindlicheres Gerät, um den Nachweis einfacher zu gestalten. Daher erfand 1890 Edouard Branly ein Nachweisgerät für elektromagnetische Wellen, das wie ein Relais arbeitete[14]. Dieses Relais, wie auch in Abbildung 3 erkennbar, bestand aus einem Glasröhrchen, welches mit feinen Metallspänen gefüllt war und in diesem Zustand keinen Strom leitete. Trafen aber elektromagnetische Wellen auf, schmolzen die einzelnen Späne zusammen und das Relais leitete Strom. Durch eine leichte Erschütterung konnten die Späne wieder getrennt werden. Branly hatte dazu den Klöppel einer Klingel mit dem Röhrchen verbunden.

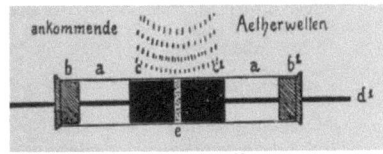

Abbildung 3: Der Kohärer[15]

Diese Klingel läutete wenn elektromagnetische Wellen eintrafen, der Klöppel sorgte für die Erschütterung[16].

Das Relais wurde Kohärer genannt, abgeleitet aus dem lateinischen „cohaerere", was zusammenhängen bedeutet. Manchmal bezeichnete man den Kohärer auch als Fritter.

3.3 Syntony

Oliver Lodge wiederholte Branlys Versuche und entdeckte dabei ein Phänomen, dass er „syntony" nannte, nämlich die Frequenzabstimmung bzw. Resonanz elektrischer Schwingkreise. Dadurch wurde eine bessere Abstimmung von Sender und Empfänger grundsätzlich möglich[17]. Darüber hinaus erkannte er, dass bei ungedämpften Schwingungen, im Gegensatz zu den stark gedämpften Schwingungen des Hertzschen Senders, ein Empfänger geschaffen werden könnte, der nur auf eine einzige Wellenlänge anspräche[18].

---

[14] Vgl. Fürst, Artur (1922), S. 37
[15] Übernommen aus Gööck, Roland (1989), S. 27
[16] Vgl. Klawitter, Gerd (Hrsg.): 100 Jahre Funktechnik in Deutschland – Funksendestellen rund um Berlin. Wissenschaft und Technik Verlag, Berlin 1998, S. 16
[17] Vgl. Klawitter, Gerd (Hrsg.) (1998), S. 18
[18] Vgl. Gööck, Roland (1989), S. 27

3.4 Die ersten Hochfrequenzmaschinen

Nicola Teslas Interesse galt nicht der drahtlosen Telegrafie, denn sein Ziel war es, elektrische Energie ohne Überlandleitung zu übertragen[19]. Dazu untersuchte er Hochfrequenzspannungen und baute entsprechende Hochfrequenzmaschinen, die, später weiterentwickelt, die Grundlage der Hochfrequenzsender darstellten[20].

3.5 Der Luftdraht

Alexander Stepanowitsch Popow hatte in den 90er Jahren des 19. Jahrhunderts die Idee, dass Gewitterblitze auch Funken seien, die elektromagnetische Wellen aussenden[21].

Dementsprechend verband er einen Morseschreiber mit einem Branly-Kohärer und dem Blitzableiter eines Hauses. Er konnte somit tatsächlich Blitze der Umgebung aufzeichnen. Entscheidend an diesem Gewitternachweisgerät war der Blitzableiter, den er als so genannten Luftdraht, die heutige Bezeichnung wäre Antenne, nutzte[22].

1896 soll Popow auf einer Distanz von ca. 250 Metern ein Funktelegramm, es wäre das erste der Welt gewesen, versendet haben[23].

---

[19] Vgl. Ebd., S. 29
[20] Vgl. Polleit, Reinhard (1979), S. 25
[21] Vgl. Gööck, Roland (1989), S. 29
[22] Vgl. Ebd., S. 42
[23] Vgl. Gööck, Roland (1989), S. 29

4. Die drahtlose Telegrafie

4.1 Guglielmo Marconi

Alle Bestandteile der späteren drahtlosen Telegrafie waren bereits in den 90er Jahren des vorletzten Jahrhunderts vorhanden. Hertz hatte mit der Funkenstrecke einen Sender geliefert, Branly den Empfänger und Popow die Antenne. Sie mussten nur noch richtig verbunden werden, um Nachrichten tatsächlich drahtlos zu versenden. Im Jahr 1895 gelang dies dem Italiener Guglielmo Marconi. Nachdem er zunächst bei Feldversuchen beobachtete, dass seine Signale auf erhöhten Positionen weiter reichten, stellte er kurze Zeit später fest, dass ihre Reichweite erheblich wuchs, wenn er, wie in Abbildung 4 zu sehen ist, an Sender und Empfänger jeweils einen Draht befestigte, der zum einen mit der Erde verbunden war und zum anderen senkrecht in die Luft ragte. Damit hatte er, da man davon ausgeht, dass er von

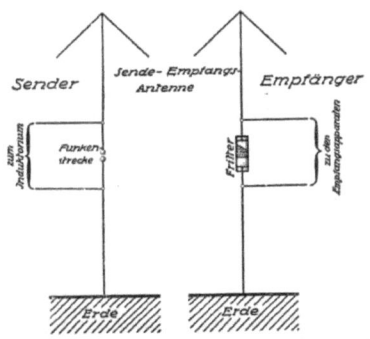

Abbildung 4: Marconisender und -empfänger[24]

Popows Versuchen nichts wusste, den Luftdraht zum zweiten Mal erfunden[25].

Da er in Italien keine Interessenten für seine Erfindung fand, wanderte er 1896 nach England aus, wo er in Sir William Preece, den Chefingenieur des englischen Telegraphenamtes, einen finanzkräftigen Förderer fand[26]. Im selben Jahr ließ er das erste Patent der drahtlosen Telegrafie mit dem Namen „Verbesserung der Übertragung elektrischer Impulse und Signale und der dazu benutzten Apparate" eintragen[27].

1897 fanden die ersten Versuche Marconis, an denen auch Professor Slaby von der Technischen Hochschule Berlin teilnahm, zwischen Lavernock Point am Bristolkanal und der Insel Flatholm im Bristolkanal statt, wo es ihm gelang, eine Strecke von fünf Kilometern zu überbrücken[28].

Kurze Zeit später konnte Marconi den gesamten Bristolkanal (14,5 km) drahtlos überbrücken[29].

---

[24] Übernommen aus Fürst, Artur (1922), S. 43
[25] Vgl. Gööck, Roland (1989), S. 30-31
[26] Vgl. Klawitter, Gerd (Hrsg.) (1998), S. 18
[27] Vgl. Polleit, Reinhard (1979), S. 9
[28] Vgl. Gööck, Roland (1989), S. 34
[29] Vgl. Fürst, Artur (1922), S. 44

Ein Jahr später hatte die drahtlose Telegrafie ihren ersten öffentlichen Auftritt, als Marconi von einer Regatta in England im Auftrag einer irischen Zeitung erfolgreich drahtlos berichtete. Am 12. 12. 1901 sendete er von der Südwestspitze Englands die drei Punkte des Morsebuchstabens S 3500 Kilometer über den Atlantik, wo dieser in Neufundland empfangen werden konnte.

In der Folgezeit stellte Marconi mit der bereits 1897 gegründeten „Wireless Telegraph and Signal Company Ltd." Sende- und Empfangsstationen für Schiffe her und vermietete selbige mit Funkern an Reedereien[30].

4.2 *Adolf Slaby und Graf von Arco*

Professor Adolf Slaby führte, nachdem er von den Versuchen Marconis zurückgekehrt war, gemeinsam mit Georg Wilhelm Alexander Graf von Arco 1897 weitere Experimente zur drahtlosen Telegrafie durch. Der entscheidende Unterschied zu früheren Versuchen war, dass Slaby nun die Erkenntnisse Marconis verarbeitete und erfolgreich Luftdraht und Erdleitung einsetzte[31].

Die ersten Experimente glückten zwar, störten aber alle Fernsprechleitungen in der näheren Umgebung dermaßen, dass das örtliche Fernsprechamt anfragte, ob man wisse, warum örtlich begrenzt solch starke Gewitter auftreten. Daraufhin wurden die Versuche verlegt und erfolgreich über eine Strecke von 250 Metern durchgeführt. Im August 1897 gelang es ihnen dann unter den Augen des Kaisers eine Strecke von 1,3 Kilometern drahtlos zu überbrücken[32].

Bereits 1898 überbrückten Slaby und Arco die 60 Kilometer lange Strecke von Jüterborg bis nach Berlin-Tempelhof[33].

Professor Slaby hatte zur „Abstimmung funkentelegraphischer Sender" einen Wellenmesser hergestellt, der aus einem Papprohr mit einer Umwicklung aus dünnem Draht bestand. Sobald die Schwingung des Wellenmessers mit der Sendefrequenz übereinstimmte, sprühte dessen freies Drahtende Funken[34].

---

[30] Vgl. Gööck, Roland (1989), S. 36
[31] Vgl. Fürst, Artur (1922), S. 45
[32] Vgl. Polleit, Reinhard (1979), S. 13
[33] Vgl. Klawitter, Gerd (1998), S. 23
[34] Vgl. Gööck, Roland (1989), S. 40

4.3 *Der Braunsender*

Ferdinand Braun, Professor für Experimentalphysik, stellte fest, dass der Schwingungsvorgang im Marconisender schnell abklang, da die Schwingungen in der Antenne erst den hohen Widerstand des Luftspaltes der Funkenstrecke durchbrechen mussten. Eine große Reichweite würde aber erst möglich sein, wenn die Dämpfung so gering wäre, dass allmählich abklingende Wellen entstünden. Dazu war es notwendig, dass die Aufnahmefähigkeit des schwingenden Systems erhöht wurde, was durch die Einführung eines Kondensators gelänge[35].

Ein Kondensator besteht aus zwei voneinander isolierten Flächen, die aus zwei Metallplatten bestehen können. Die Isolierung wird durch ein Dielektrikum erreicht, dass aus Gas, einem Gasgemisch oder Kunststoff bestehen kann. Solch ein Kondensator ist in der Lage solange Energie aufzunehmen, bis dessen Fassungsvermögen erreicht ist. Dieses Fassungsvermögen, Kapazität genannt, hängt von der Größe und vom verwendeten Material ab.

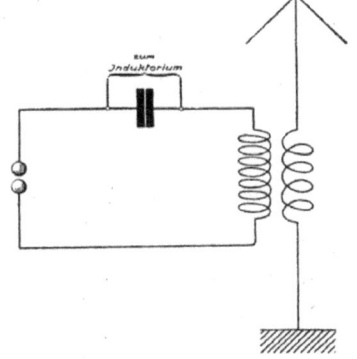

Braun entwickelte, beruhend auf seinen Erkenntnissen, einen geschlossenen Schwingungskreis der, wie in Abbildung 5 dargestellt, aus Kondensator, Funkenstrecke und Spule bestand. Diesen koppelte er an einen zweiten Kreis, den Antennenkreis. Dieser so genannte Braunsche Sender hatte somit einen Kreis, der nur für die Schwingungserzeugung zuständig war, den geschlossenen Schwingungskreis, und

Abbildung 5: Sender nach Braun[36]

einen weiteren Kreis, den Antennenkreis, der nur für die Abstrahlung der entstandenen Energie zuständig war. Ein vollständiger Sender bestand nun aus vier Kreisen. Der erste Kreis bestand aus einer Primärspule mit einer Morsetaste. Der zweite Kreis, der Hochspannungskreis, bestand aus der Sekundärspule und dem Kondensator. Der dritte Kreis, der geschlossene Schwingungskreis, bestand, wie oben bereits erwähnt, aus Kondensator, Spule und Funkenstrecke. Der vierte und letzte Kreis war der Antennenkreis[37].

---

[35] Vgl. Fürst, Artur (1922), S.47-49
[36] Übernommen aus Fürst, Artur (1922), S. 55
[37] Vgl. Ebd., S. 56

Verändert wurde auch der Empfänger. Dieser bestand nun auch aus zwei Kreisen, wobei es dadurch, dass der Kohärer aus dem Antennenkreis genommen wurde, möglich wurde, die Empfangsantenne auf die Frequenz der Sendeantenne abzustimmen[38].

Von Bedeutung für die Entwicklung der drahtlosen Telegrafie war auch seine Erfindung des Kristallgleichrichters, der, bestehend aus einer gegen einen Halbleiter-Kristall drückenden Metallspitze, als Nachweisgerät für elektromagnetische Wellen eingesetzt wurde[39].

1909 erhielt Braun, für dessen Arbeiten auf dem Gebiet der drahtlosen Telegrafie, gemeinsam mit Marconi den Nobelpreis für Physik[40].

4.4 Der Drehkondensator

Wichtig für die drahtlose Telegrafie war die Resonanz. Unter Resonanz versteht man wie bereits oben erwähnt, dass abgestimmte Schwingen zweier Kreise.

Da eine Antenne in einer bestimmte Frequenz schwingt, in der sie „gerne" schwingt, sollte der Schwingungskreis eine ähnliche Schwingung erzeugen. Denn wie eine Schaukel, die im richtigen Moment angestoßen wird, erlangt man hierdurch eine größere Reichweite. Das heißt also zum einen, dass zwei gekoppelte Systeme, wie zum Beispiel beim Braun Sender, besonders hohe Reichweiten erreichen, wenn beide Systeme in Resonanz zu einander sind und dass zum zweiten eine noch größere Reichweite erreichbar ist, wenn Resonanz zwischen Sende- und Empfangsantenne vorhanden ist[41].

Um solch eine Resonanz einfacher und besser zu erlangen, entwickelte Adolf Koepsel 1902 den Drehkondensator (Abbildung 6), dessen Kapazität durch das Drehen beweglicher Kondensatorplatten gegenüber unbeweglichen Platten kontinuierlich verändert werden konnte[42].

Abbildung 6: Drehkondensator[43]

---

[38] Vgl. Ebd., S. 55
[39] Vgl. Gööck, Roland (1989), S. 41
[40] Vgl. Weiher, Sigfrid von (Hrsg.): Männer der Funktechnik. VDE-Verlag, Berlin 1983, S. 28
[41] Vgl. Fürst, Artur (1922), S. 57-58
[42] Vgl. Gööck, Roland (1989), S. 42
[43] Übernommen aus Gööck, Roland (1989), S. 42

4.5 *Der Löschfunkensender*

1907 erfand Max Carl Werner Wien den Löschfunkensender. Damit löste er den Nachteil des gekoppelten Braunsenders, bei dem die Energie zwischen geschlossenem Schwingungskreis und Antennenkreis hin und her schwang, wodurch man immer zweiwellige Schwingungen erhielt. Durch diese Zweiwelligkeit war ein genaues Abstimmen von Sender und Empfänger nicht möglich[44].

Im Gegensatz zur Funkenstrecke des Braunsenders, dessen Luftspalt mehrere Zentimeter lang war, bestand Wiens Funkenstrecke aus mehreren versilberten Kupferplatten mit geringem Abstand (Abbildung 7).

Nach dem Überspringen der Energie erlosch der elektrische Funken schnell aufgrund der großen Wärmeleitfähigkeit der Platten. Dadurch konnte die Energie nicht mehr aus dem Antennenkreis und wurde über die Antenne mit schwach gedämpften Schwingungen ausgesendet[45]. Durch die jetzt vorhandene Einwelligkeit, durch die die Ab-

Abbildung 7: Löschfunkenstrecke[46]

stimmung von Sender und Empfänger einfacher wurde und durch die effizientere Energieausnutzung, ließ sich die Reichweite erheblich vergrößern.

[44] Vgl. Polleit, Reinhard (1979), S. 20-21
[45] Vgl. Weiher, Sigfrid (1983), S. 196
[46] Übernommen aus Gööck, Roland (1989), S. 45

4.6 Der Lichtbogensender

Humphrey Davy entdeckte 1821 das Bogenlicht, als er zwei Kohlestücke nahe beieinander in den Stromkreis einer Voltaschen Säule legte. Daraus sollte die Bogenlampe entstehen. Die Energie der Bogenlampe ging von einem Ende des Kohlestückes zum anderen über und erzeugte dabei ein hell leuchtendes Licht[47].

Im Jahr 1899 fand William du Bois Duddells heraus, dass diese Bogenlampe mit einer Zusatzeinrichtung zum Schwingungserzeuger werden konnte. Dazu schaltete er an den Lichtbogenkreis einen Schwingungskreis, bestehend aus Kondensator und Spule. Gab er nun Spannung auf die Vorrichtung, konnte man in einem zusätzlich angebrachten Telefonhörer einen pfeifenden Ton hören. Daher erhielt Duddells Vorrichtung den Beinamen „sprechende Bogenlampe"[48].

Diese Bogenlampe war zwar ungeeignet für die drahtlose Telegrafie, stellte aber die Grundlage für Valdemar Poulsens Lichtbogensender dar. Die sogenannte „sprechende Bogenlampe" war nicht geeignet, da der Lichtbogenkreis nicht schnell genug abkühlte, um wieder leitungsunfähig zu werden. Dieses Hitzeproblem wurde von Poulsen derart gelöst, dass er den Lichtbogen in ein Gehäuse, die Flammkammer, einbaute, die gefüllt mit Spiritus beim Verbrennen Wasserstoff erzeugte, wodurch die Wärme abgeleitet werden konnte. Zur zusätzlichen Abkühlung setzte er zwei Eisenstäbe ein, die bei angelegtem Strom zu Elektromagneten wurden und den Lichtbogen dazu zwangen, auf indirektem Weg zwischen den Polen überzuspringen. Aufgrund der so vergrößerten Oberfläche konnte die Wärme schneller abkühlen. Darüber hinaus bestand eine der Elektroden nicht mehr aus Kohle, sondern aus einem hohlen Kupferstab, der durch fließendes Wasser gekühlt wurde[49]. Vergleiche hierzu auch Abbildung 8. Poulsens Licht-bogensender erzeugte ungedämpfe Schwing-ungen und war daher nicht nur für das Senden

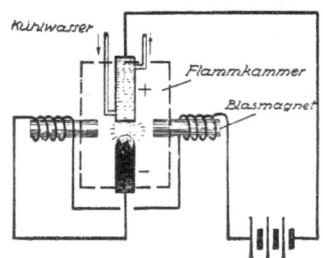

Abbildung 8: Lichtbogensender[50]

von Morsesignalen geeignet, sondern prinzipiell auch für das drahtlose Übertragen von Sprache. Nachteilig war aber, dass keine konstanten Schwingungen erzeugt werden konnten[51].

---

[47] Vgl. Polleit, Reinhard (1979), S. 23
[48] Vgl. Goöck, Roland (1989), S. 50
[49] Vgl. Fürst, Artur (1922), S. 111-114
[50] Übernommen aus Fürst, Artur (1922), S. 114
[51] Vgl. Goöck, Roland (1989), S. 52

4.7 Hochfrequenzmaschinen und Amplitudenmodulation

Reginald Aubrey Fessenden ersetzte 1902 den wegen seiner Unzuverlässigkeit unbeliebten Kohärer durch den parallel von Wilhelm Schloemilch erfundenen Elektrolytdetektor.

Da bestimmte Metalle bei Erwärmung zu einer Spannungsquelle werden, stellten Fessenden und Schloemilch unabhängig von einander fest, dass dieser Effekt auch durch Strom hervorgerufen werden kann. Baute man solch einen Detektor in den Antennenkreis eines Empfängers ein, erhielt man eine Gleichrichterwirkung sobald elektromagnetische Wellen auftrafen. Die empfangenen Ströme wärmten die Kontaktstelle auf, die zur Quelle neuer Stromimpulse wurde. Diese konnten zwar keinen Morseschreiber betätigen, aber eine Membran zum schwingen bringen, die die Morsezeichen als Tonsignale wiedergab[52].

Entscheidender für die Entwicklung der drahtlosen Telegrafie beziehungsweise der drahtlosen Telefonie, also der drahtlosen Übertragung von Sprache, war seine Idee, dass die stromerzeugenden Maschinen der Kraftwerke auch elektrische Schwingungen hervorrufen müssten. Problematisch war aber, dass diese Maschinen zum einen unbrauchbare Wellenlängen erzeugten und zum anderen eine geeignete Maschine erhebliche Drehzahlen und entsprechend Fliehkräfte aushalten müsste[53].

Im Jahr 1900 baute er mit E. F. W. Alexanderson eine Maschine mit 150 Volt und 41.000 Perioden, mit der es erstmals gelang Sprache einigermaßen verständlich drahtlos zu übertragen. Da man aber noch größere Drehzahlen benötigt hätte um Sprache über weitere Entfernungen zu übertragen, setzte man mehrpolige Maschinen ein, die die Drehzahl niedrig hielten. Alexanderson gelang es dann eine Maschine zu bauen, die bei 333 Polen und einer Drehzahl von 333 Umdrehungen pro Minute 100.000 Hz lieferte[54].

Um Sprache zu übertragen benötigte man neben der geeigneten Hochfrequenzmaschine auch eine Methode, um die Sprach- oder auch Musiksignale, den elektromagnetischen Wellen mit zugeben.

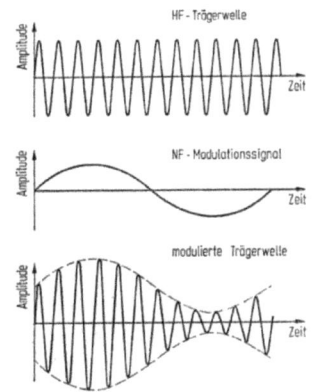

Abbildung 9: Amplitudenmodulation[55]

---

[52] Vgl. Polleit, Reinhard (1979), S. 19
[53] Vgl. Gööck, Roland (1989), S. 53
[54] Vgl. Polleit, Reinhard (1979), S. 25-27
[55] Übernommen aus Zierl, Richard (1976), S. 27

Hierzu erfand Fessenden die Amplitudenmodulation. Er schaltete ein Mikrofon in den Antennenkreis und änderte dadurch im Rhythmus der Sprachschwingungen die Antennenstromstärke und dementsprechend die ausgesendete Trägerfrequenz. Das bedeutet also, dass die Amplitude der Trägerwelle durch die Modulationssignale verändert wird (Abbildung 9). Die Hochfrequenzmaschine war Voraussetzung für dieses Prinzip, da sie eine kontinuierliche Wellenlänge aussendete. Im Empfänger kann die übertragene Nachricht dann durch Demodulation wieder hörbar gemacht werden[56].

Am 24. 12. 1906 gelang es mit der Hochfrequenzmaschine Alexandersons und der Amplitudenmodulation Fessendens, das erste Rundfunkprogramm der Welt auszusenden. Bereits 1907 konnten Fessenden und Alexanderson auf einer Strecke von 320 Kilometern Sprache drahtlos übertragen[57].

---

[56] Vgl. Gööck, Roland (1989), S. 54
[57] Vgl. Ebd., S. 56

5. Ausblick: Die Entstehung des Rundfunks

5.1 *Der Siegeszug der Elektronenröhre*

Revolutioniert wurde die Rundfunkwelt mit der Erscheinung der Elektronenröhre (Abbildung 10). Die Grundlagen dieses neuen Bestandteils entdeckte Edison bereits 1883. Bei Verbesserungen an einer Glühlampe befestigte er ein Metallplättchen in der Nähe des Glühfadens und stellte fest, dass vom Glühfaden ein elektrischer Strom auf das Metallplättchen übersprang. Dieser Effekt wurde unter dem Edison-Effekt berühmt[58].

Abbildung 10: Elektronenröhren[59]

Die erste, auf dieser Grundlage beruhende, für die Telegrafie nutzbare Elektronenröhre schuf Lee de Forest. Auf der Suche nach einem neuen Empfänger experimentierte er mit der Röhre und entwickelte dabei eine luftleere, mit Zinnfolie umgebene Glasröhre, die einen Glühdraht und einen Metallblock besaß. Die Zinnfolie der Röhre verband er mit der Antenne und hatte nun einen geeigneten Empfänger. 1906 brachte er diese Zinnfolie in Form einer Steuerelektrode im Inneren der Röhre an und bereits ein Jahr später war aus der Zinnfolie ein kleines Drahtgitter geworden. Diese von ihm Audionröhre genannte Elektronenröhre hatte den enormen Vorteil, dass sie als Verstärker genutzt werden konnte. So war es bereits im selben Jahr möglich, Gespräche über 34 Kilometer verständlich zu übertragen und 1909 konnte man die erste Talk-Sendung der Welt über Funk hören[60].

In der Folgezeit wurde es basierend auf der Elektronenröhre möglich, Röhren-empfänger und Röhrensender zu entwickeln, die hervorragende Sende- und Empfangsqualitäten zeigten und sämtliche vorhergehenden Techniken ablösten.

---

[58] Vgl. Gööck, Roland (1989), S. 58-59
[59] Übernommen aus Ebd., S. 58
[60] Vgl. Ebd., S. 61

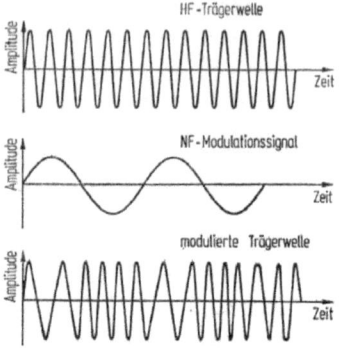

5.2 Die Frequenzmodulation

Neben der Elektronenröhre sorgte eine andere Technik für die verbesserte Übertragung von Sprache und Musik: die Frequenzmodulation.

Der Amerikaner Edwin Howard Armstrong machte sich um das Jahr 1925 Gedanken über das Phänomen, dass durch Gewitter und andere statische Störungen, der Rundfunkempfang beeinträchtigt wurde. Dabei bemerkte er, dass Statik und elektromagnetische Wellen dieselben elektrischen Eigenschaften haben. Daher war es möglich, dass die modulierte Trägerfrequenz durch statische Störungen ebenfalls moduliert wurde und so ständiges Rauschen beim Empfang auftrat.

Seine Idee war es, nicht die Amplitude, sondern die Frequenz der Trägerschwingung im Rhythmus der zu übertragenden Nachricht zu modulieren (Abbildung 11), wodurch eine solche Störung vermieden werden konnte[61].

Abbildung 11: Frequenzmodulation[62]

Bisher wurde bei der Amplitudenmodulation die Amplitude der Trägerfrequenz mit bis zu 16 Kilohertz verändert, da das menschliche Ohr Schwingungen in einem Bereich von 16 Hertz bis 16 Kilohertz wahrnehmen kann. Daraus resultierte, dass eine Trägerfrequenz von 1000 Kilohertz eine Sendefrequenz zwischen 1016 und 984 Kilohertz besaß. Das ergab eine Bandbreite für jeden Amplitudenmodulationssender von 32 Kilohertz. Auf dem Gebiet des Mittelwellenrundfunks zum Beispiel steht ein Gesamtfrequenzband von 1000 Megahertz zur Verfügung, wonach dort maximal 32 Sender senden konnten. Auf Kosten der Tonqualität und einer resultierenden Bandbreitenreduzierung auf zum Beispiel 9 Kilohertz ist es aber möglich bis zu 100 Sender im Mittelwellenbereich unterzubringen[63].

Bei der Frequenzmodulation dagegen bestimmt die Nachrichtenfrequenz die Anzahl der Änderungen der Schwingungsdauer der Trägerfrequenz.

---

[61] Vgl. Gööck, Roland (1989), S. 73
[62] Übernommen aus Zierl, Richard (1976), S. 30
[63] Vgl. Zierl, Richard (1976), S. 27-30

Dadurch, dass die Bandbreite hierbei von der Modulationsstärke bestimmt wird, ist es möglich, bei der Frequenzmodulation den gesamten menschlichen Hörbereich zu übertragen[64].

Aus der Frequenzmodulation resultierte also eine wesentlich höhere Übertragungsqualität, weshalb auch heute vorwiegend Frequenzmodulation genutzt wird.

5.3 Der Transistor

Obwohl die Elektronenröhre immer wieder verkleinert wurde, nahm sie dennoch einen großen Platz im Radioempfänger ein. 1946 wurden daher von den Bell-Laboratorien in Amerika umfangreiche Testreihen zur Erforschung der Halbleiterphysik durchgeführt.

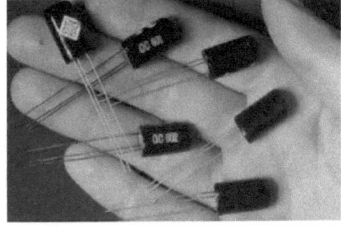

Sie entwickelten aus den gewonnen Resultaten einen Transistor (Abbildung 12), bestehend aus einer Germaniumscheibe, mit dicht nebeneinander liegenden Goldkontakten auf der einen und einem dritten Kontakt auf der gegenüberliegenden Seite. Die Firma Regency aus den USA ersetzte erstmals 1954 die

Abbildung 12: Transistoren[65]

Röhren eines Radios durch Transistoren. Die ersten Regency-Transistorempfänger waren aber trotz der erheblichen Verkleinerung gegenüber Röhrenempfängern kein besonders großer Erfolg. Trotz allem ließ sich die Verbreitung der Transistoren nicht mehr aufhalten, weil es nun möglich wurde, sehr kleine Empfänger zu bauen[66].

---

[64] Vgl. Ebd., S. 30
[65] Übernommen aus Gööck, Roland (1989), S. 102
[66] Vgl. Gööck, Roland (1989), S. 103

6. Fazit

Innerhalb von weniger als siebzig Jahren gelang es der Menschheit, ein hochmodernes Rundfunknetz zu entwickeln, dass bis auf wenige Veränderungen noch heute aktuell ist. Wie bereits in der Einführung angesprochen, wäre die moderne Welt ohne die grundlegenden und weiterführenden Erfindungen, wie sie oben beschrieben sind, nicht denkbar.

Trotz Konkurrenz moderner Informationstechnologie wie Internet und Fernsehen ist der Rundfunk nach wie vor aus dem alltäglichen Leben nicht wegzudenken. Gerade am Arbeitsplatz zur Unterhaltung oder im Auto zur Informationsverschaffung ist der Rundfunk weiterhin das wichtigste Unterhaltungs- oder Informationsmedium.

Auch in der Militärtechnologie ist die Rundfunktechnologie bedeutender als je zuvor.

Sieht man von den altertümlichen Feldfernsprechverbindungen der Bundeswehr ab, erkennt man, dass ohne hoch entwickelte Funkverbindungen und dementsprechend leistungsfähige Sender und Empfänger im Westentaschenformat, eine moderne Kriegsführung nicht mehr möglich ist. Interessant sind hierbei auch Experimente der amerikanischen Armee und der europäischen Union zur Beeinflussung der Ionosphäre. Kurzwellen – auch ein Wellenbereich des militärischen Funkverkehrs - werden an einer bestimmten Schicht der Ionosphäre auf die Erde zurückgeworfen und von dieser wieder zurückgespiegelt, sodass sich diese Wellen zickzackförmig um die Erdkugel bewegen. Könnten diese Schichten für bestimmte Zeit und an einer bestimmten Stelle durch geeignete elektromagnetische Impulse oder ähnlichem gestört werden, wäre man in der Lage, die Führungsfähigkeit der feindlichen Armee entscheidend zu schwächen.

Literaturverzeichnis

Monographien

Fürst, Artur: Im Bannkreis von Nauen – Die Eroberung der Erde durch die drahtlose Telegraphie. Deutsche Verlags-Anstalt, Stuttgart 1922

Gööck, Roland: Die großen Erfindungen – Radio, Fernsehen, Computer. Sigloch Edition, Künzelsau 1989

Polleit, Reinhard: Die Geschichte der drahtlosen Telegrafie. Selbstverlag, Neustadt a. Rbge. 1979

Zierl, Richard: Neue Radiotechnik. Telekosmos-Verlag, Stuttgart 1976

Sammelbände

Klawitter, Gerd (Hrsg.): 100 Jahre Funktechnik in Deutschland – Funkstellen rund um Berlin. Wissenschaft und Technik Verlag, Berlin 1998

Weiher, Sigfrid von (Hrsg.): Männer der Funktechnik. VDE-Verlag, Berlin 1983

Abbildungsverzeichnis